AF242312

142
6
591

PROCÈS-VERBAL

DE LA FÊTE

DE LA RECONNAISSANCE

ET

DE L'INAUGURATION

DE L'ÉCOLE CENTRALE

CÉLÉBRÉE A PORT-BRIEUC

LE 10 PRAIRIAL AN 7.

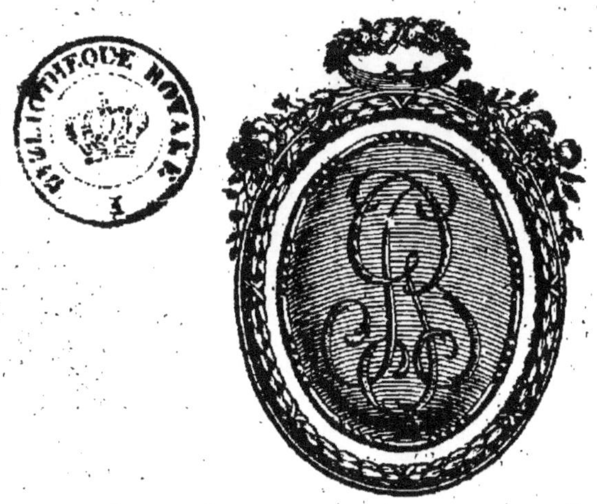

PORT-BRIEUC, BOUREL, Imprimeur.

(1799.)

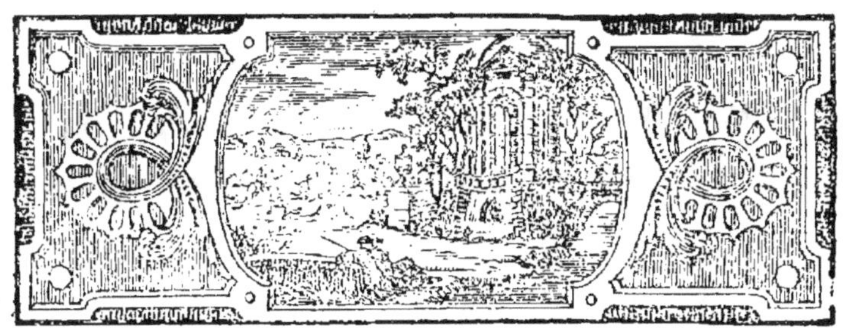

PROCÈS-VERBAL

De la fête de la Reconnaissance et de l'Inauguration de l'École centrale, célébrée à Port-Brieuc le dix prairial an sept.

CE jour dix prairial, an sept de la République française, Nous Jean François Marie DENOUAL, Président; Vincent Augustin LE PROVOST, Daniel Hyacinthe Epiphane BRICHET, Pierre Mathurin LONCLE, Administrateurs du Département, et François Joseph BARBEDIENNE, Administrateur suppléant du Commissaire du Directoire exécutif, certifions et rapportons qu'en conformité de l'article premier du titre six de la loi du 3 brumaire an 4, et de notre arrêté du 24 floréal dernier, il a été procédé à la célébration de la fête de la Reconnaissance et à l'Inauguration de l'École centrale, de la manière ci-après détaillée.

A six heures du matin, une salve d'artillerie s'est fait entendre pour annoncer la fête et préparer les citoyens à l'allégresse qu'ils devaient éprouver en ce jour.

A neuf heures, les Membres de l'Administration centrale, des Tribunaux Civil et Criminel, de la Justice de paix, du Commerce; le Général, l'État-major, et le Tribunal militaire, les membres du Jury central d'Instruction publique, les Professeurs et le Bibliothécaire de l'École centrale, les vingt Elèves qui avaient obtenu au concours du 4 de ce mois les places de Boursiers de l'Ecole centrale, les Instituteurs des Ecoles primaires, et tous les Fonctionnaires publics salariés se sont réunis dans la salle des séances du Département.

A dix heures, le Cortége composé des Autorités et fonctionnaires publics ci-dessus mentionnés, escorté d'un piquet de la force armée et accompagné d'une foule de citoyens et de citoyennes dont la présence ajoûtait à l'embellissement de la *fête, est parti de la Maison Commune, précédé des Tambours et de la Musique de la Garde nationale et s'est rendu dans la salle du Lycée dramatique, lieu fixé pour l'installation de l'Ecole centrale. Les fonctionnaires publics portaient en main des branches de laurier et les boursiers de l'Ecole centrale étaient décorés de guirlandes de chêne entrelacées de rubans tricolores.*

Le Cortége et tout le public étant entrés dans la salle du Lycée, le Président de l'Administration centrale a prononcé le discours suivant.

IL est donc arrivé, ce jour où l'Administration centrale des Côtes-du-Nord peut annoncer à ses Administrés qu'ils vont jouir du bienfait inapréciable de l'enseignement public. Avec quelle satisfaction elle voit le terme de ses travaux ; heureux résultats ! ils vont donner à une contrée intéressante par sa population, par le caractère franc et loyal de ses habitans, par les diverses branches d'industrie qui l'enrichissent, un accroissement de prospérité, un développement dans tous les moyens qui rendent utiles aux peuples

les combinaisons de l'économie politique ; enfin, s'il est possible, le perfectionnement de la raison humaine auquel ont droit d'atteindre tous ceux qui entrent dans la carrière des sciences, avec la volonté de ne devenir savans que pour être meilleurs.

La Liberté et l'Égalité des droits politiques, Citoyens, sont les bases principales sur lesquelles repose le vaste édifice de la République Française ; ces bases si précieuses aux hommes qui sont pénétrés des sentimens d'une indépendance irrésistible que la nature a placés dans tous les cœurs, ne peuvent sans doute se consolider que par des institutions analogues aux principes qui ont produit et dirigé notre révolution. En effet, Citoyens, ce ne sont plus les élémens et les formes classiques qui jadis habituaient les jeunes élèves à courber leur tête bientôt avilie sous le joug des préjugés, qui peuvent aujourd'hui s'adopter dans nos écoles. Les Professeurs, pénétrés de l'importance de leurs fonctions, apprécieront cette incontestable vérité ; ils sauront que la Patrie, en remettant en leurs mains le dépôt sacré de la jeunesse, attend d'eux des efforts pénibles sans doute, mais bien chers à des ames généreuses, puisque le succès doit former la génération qui va nous suivre, à la pratique des vertus sociales et privées, sans lesquelles il n'est rien de beau, de bon, d'estimable sur la terre.

Pourquoi, Citoyens, l'immortel auteur de l'Emile regardait-il les sciences comme une calamité publique? Pourquoi dans un ouvrage qui fut couronné par une illustre académie, réussit-il à établir en principe qu'elles servaient à corrompre les mœurs? C'est qu'alors, Citoyens, l'on apprenait à la jeunesse, comme il le disait lui-même, toutes choses excepté ses devoirs ; c'est qu'alors on concentrait dans un cercle décrit par l'autorité, l'étude des connaissances humaines ; c'est qu'alors l'enseignement public était confié à une classe d'hommes sans cesse occupée du soin d'éteindre le flambeau de la vérité ; cette classe parasite s'emparait de l'homme, pour ainsi dire, dans son berceau : elle voulait bien, il est vrai, lui prêter une main protectrice pour le conduire à sa guise ; mais elle ne permettait jamais qu'il arrachât l'épais bandeau dont ses yeux étaient couverts. C'est qu'alors les Rois qui craignaient la force et la propagation des lumières, abandonnaient l'éducation publique à cette classe abusivement privilégiée, parce que comme eux ils avaient un grand intérêt à laisser la multitude dans l'ignorance absolue, et à ne donner que des connaissances imparfaites à ceux qui devaient occuper les Magistratures.

La Révolution, Citoyens, a mis un mur d'airain entre nous et ces temps de barbarie. Le systême d'enseignement que les fondateurs de la République avaient conçu pour lui ser-vir d'égide, n'a pas dû recevoir son exécution au milieu des tourmentes politiques. Ce ne pouvait être en effet dans le tumulte des pas-sions en furie, pendant ces momens déplo-rables où les français agités par un génie des-tructeur étaient devenus opprimés ou oppres-seurs, victimes ou bourreaux, qu'on pouvait former un établissement qui aurait nécessai-rement porté l'empreinte de l'anarchie et du vandalisme: s'il en eût été ainsi, on eût bientôt vu une classe d'hommes, semblable à celle dont j'ai essayé de retracer la con-duite, comme elle hypocrite, adroite, au-dacieuse, envahissante, former une associa-tion criminelle, s'emparer de l'éducation, et offrir son puissant appui à de nouveaux dominateurs. La Constitution de l'an III, Citoyens, a détourné loin de nous des malheurs dont on ne peut encore sans effroi mesurer l'étendue : notre ordre politique est invariablement fixé, et les

Français peuvent actuellement donner **aux**
institutions Républicaines tous les dévelop-
pemens dont elles sont susceptibles.

Il est une vérité constante, Citoyens, c'est
qu'indépendamment du caractère que la Nature a dispensé à chacun, l'éducation rend
les hommes bons ou méchans ; elle leur donne
de fausses connaissances, ou bien elle éclaire
leur raison. Les instituteurs sont donc, pour
ainsi dire, les maîtres de nos destinées, soit
en enseignant une doctrine lumineuse ou dé-
cevante, soit en inspirant à leurs élèves, par
l'unique influence de l'habitude, les sentimens
dont ils sont eux-mêmes animés. La Loi a
bien, il est vrai, tracé le cercle dans lequel
ils doivent se renfermer ; sa prévoyance em-
pêcherait sans doute le mal de se généraliser ;
mais il importe néanmoins de ne confier des
fonctions aussi saintes qu'à des hommes
éprouvés. L'Administration centrale des
Côtes-du-Nord peut à cet égard se féliciter
d'offrir à ses Concitoyens des professeurs
recommandables par leurs lumières, leurs
vertus, leur patriotisme ; elle voit avec une
grande satisfaction qu'avec de tels maîtres
l'éducation nationale acquerra bientôt dans
ce Département, le degré de prospérité
auquel peut parvenir l'ouvrage des hommes,

lorsqu'il est conduit par des mains également habiles et bienveillantes ; elle sait que ces instituteurs chargés de former des hommes, des Républicains, avant que de faire des savans, s'appliqueront à ne leur apprendre que ce qui peut élever l'homme à la dignité de son être, à remplir le Citoyen de la grande pensée de ses droits et de ses devoirs, et à ne rendre leurs élèves doctes, que pour qu'ils soient plus vertueux. L'amour de la Patrie deviendra la leçon de tous les jours, de toutes les classes : jamais aussi les jeunes écoliers ne quitteront leurs professeurs, sans avoir éprouvé l'impression du bon, du juste, sans qu'ils aient l'âme remplie des sentimens de magnanimité, d'équité, de tempérance, d'humanité, qui doivent être les résultats précieux de l'enseignement recommandé par les Lois Républicaines. Alors, Citoyens, si le bon Jean-Jacques revenait parmi nous, abjurant aussi-tôt sa misanthropie, il reconnaîtrait que les sciences, loin de corrompre les mœurs, les ont épurées ; que loin de servir le despotisme en le divinisant, comme l'ont fait, sous le règne brillant de Louis XIV, sous celui de ses successeurs, des hommes doués des plus grands talens, elles l'ont au contraire enchaîné, et ont donné l'essor à la Liberté et à l'Egalité qui étaient ses idoles.

Je viens de prendre, Citoyens, au nom des professeurs de l'Ecole centrale, un engagement solemnel : ce n'est pas sans y avoir mûrement réfléchi, que je promets pour eux qu'ils rempliront leur devoir avec les talens, le zèle, le courage, la patience et le dévouement qui doivent distinguer les membres d'une magistrature aussi respectable, une des premières sans doute dans la Hiérarchie morale. Mais, Citoyens, je n'acquitterais point une dette sacrée pour l'Administration au nom de laquelle je parle, si dans ce jour je n'offrais à votre reconnaissance les Citoyens qui composent le Jury central d'instruction publique : associés à nos travaux, ils ont su applanir les difficultés ; leur persévérance a vaincu les obstacles ; nous devons l'inauguration que nous solemnisons en ce jour à la constance de leurs efforts.

Parvenus, Citoyens, après une longue révolution, au terme où nous allons jouir du bonheur attaché à notre nouvel ordre de choses, nous devons nous empresser d'entourer notre ouvrage d'institutions vraiment Républicaines. Nous l'exposerions aux dangers de la destruction, si nous négligions ces utiles précautions : l'enseignement public est une de celles qui offrent un avantage plus certain.

La jeunesse, en apprenant dans les écoles qui s'ouvrent de toutes parts quelle est l'étendue des droits et des devoirs politiques, en éclairant sa raison par l'étude des sciences, se pénétrera bientôt de ces sentimens profonds qui sont les guides de la vie : on verra alors se manifester sur toute la France, et par l'universalité des Citoyens, cette intention courageuse, cette volonté inébranlable de maintenir la République et la Constitution de l'an III.

APRÈS la lecture de ce Discours qui a été terminé par les cris de Vive la République et la Constitution de l'an III, le Citoyen Barbédienne, suppléant du Commissaire du Directoire éxécutif, a requis l'installation des Professeurs et du Bibliothécaire de l'École Centrale, après la prestation préalable du serment prescrit pour les Fonctionnaires publics. En conséquence les Citoyens NETHER, Professeur de dessein, FROMAGET, Professeur de langues anciennes, Efllam LE MAOUT, Professeur d'Histoire naturelle et de Chymie, LEBOYER, Professeur de Physique expérimentale, DAYOT, Professeur de Belles lettres, et

BASCHAMP, *Bibliothécaire, ayant indivi-duellement prêté ce serment : » je jure » haine à la Royauté, à l'Anarchie, » attachement et fidélité à la République » et à la Constitution de l'an III. ».*

L'Administration centrale a déclaré par l'organe de son Président que lesdits Professeurs et le Bibliothécaire étaient installés.

Les Citoyens LYMON BELLEISSUE, *membre du Jury central d'Instruction publique,* FROMAGET, *Professeur de Langues anciennes et* DAYOT, *Professeur de Belles lettres, ont ensuite prononcé les Discours suivans :*

DISCOURS

DU

Cᵉⁿ. LYMON BELLEISSUE,

Membre du Jury d'intruction publique.

CITOYENS,

DEPUIS plusieurs années nous étions privés des précieux avantages de l'instruction publique ; des discussions fâcheuses dont il faut écarter loin de nous le souvenir, avaient éloigné le moment où nous devions jouir d'un établissement que possèdent il y a déjà long-temps les Départemens qui nous environnent : enfin un décret du Corps législatif vient de fixer nos incertitudes, en plaçant l'Ecole centrale dans cette Commune. Sa position avantageuse, ses sacrifices en faveur de la Révolution, la rendaient digne de la posséder, quand même l'avantage des Administrés et le vœu bien prononcé de la grande majorité des Communes, n'eût pas sollicité cette justice de la sagesse de nos Législateurs.

C'est donc maintenant à nous de rivaliser d'émulation avec les autres Départemens de la République, pour regagner l'avantage qu'ils ont eu de nous dévancer de quelques années. Il suffira de le vouloir pour y réussir : la même énergie de caractère qui dans tous les temps a signalé les ci-devant Bretons au milieu des hasards de la guerre, ne les a pas moins distingués dans la glorieuse carrière des Lettres. Nous n'oublierons jamais que Descartes, était d'origine Bretonne; que Maupertuis, que Duclos, le Sage, Fréron, Bouguer, la Bletterie, et tant d'autres hommes célèbres dans tous les genres, ont vu le jour sous le ciel de l'ancienne Armorique.

Sans doute les premiers regards du Gouvernement doivent se tourner vers l'art nécessaire et glorieux qui établit et conserve les Etats; mais la force et le courage manquent souvent leur objet, s'ils ne sont dirigés par la sagesse des conseils, et c'est l'instruction qui fait acquérir ce coup-d'œil vaste et rapide qui embrasse à la fois le passé et l'avenir.

Après avoir fait trembler l'Europe par une

suite continuelle de victoires, le peuple
Français voudra encore surpasser les autres
Nations par l'éclat des talens littéraires,
étonner la postérité par des chef-d'œuvres
dans l'art de penser et d'écrire, et acquérir
ce genre de gloire qui survit à la destruction
même des empires. Ainsi l'on a vu les Romains vainqueurs de tant de Nations, aller
dans Athènes asservie pour y puiser ces connaissances et ce goût exquis qu'on ne put
lui ravir en la privant de sa liberté, et par
cet hommage rendu à ses lumières, avouer
l'empire que le génie exerce jusques sur
les conquérans. Nous ignorerions les grandes
actions de Rome et de la Grèce, si leurs
historiens ne nous en avaient transmis le
souvenir, si leurs Poètes et leurs Orateurs
n'en avaient relevé l'éclat par les charmes de
leur éloquence.

Ils ont bien connu l'avantage que la cul-
ture de l'esprit ajoûte à la valeur, ces hommes
fameux dont les noms sont consacrés par
l'admiration de tous les siècles. Alexandre
enviait à Achille le bonheur d'avoir trouvé
un Homère pour célébrer ses exploits. Ce
Général Romain dont le nom seul caracté-
rise la vaillance, et qui serait digne de sa
grande renommée s'il n'avait pas tourné contre

sa Patrie, contre Rome elle-même les armes qu'elle lui avait confié pour la defendre, cultivait les lettres au milieu du tumulte des camps, et n'aurait jamais réussi à soumettre les Gaulois, s'il ne les avait surpassés par les lumières qu'il avait acquises dans le commerce des Muses. Pourrions-nous oublier ce héros si cher aux Bretons, le brave et sensible Duguesclin ? Né dans un siècle de barbarie, il dévança ses contemporains par ses connaissances et son humanité; « souvenez-» vous, disait-il à ses Capitaines, que les » femmes, les enfans, et le pauvre peuple » ne sont point vos ennemis ».

Vous savez que notre illustre allié qui tient le sceptre de la Prusse, a eu pour prédécesseur le grand Frédéric dont les ouvrages ne sont pas moins connus que les triomphes.

Mais sans chercher hors de la République Française des exemples qu'elle fournit en foule, personne de nous n'ignore que le vainqueur de l'Italie, aussi profond dans la politique, qu'il est redoutable dans les combats, regarde comme un de ses plus beaux titres celui de membre de l'institut National.

La Muse de l'histoire redira à la postérité

comment ce jeune héros se précipitant des sommets glacés des Alpes, parcourut sur les ailes de la victoire les vastes plaines de l'antique Lombardie, et gagna cinq grandes batailles contre les troupes les plus renommées de l'Europe, commandées par les plus habiles généraux : comment après ces succès décisifs, qu'il dût autant à son génie qu'à sa valeur, il poursuivit jusqu'au cœur de l'Autriche les Aigles impériales qui fuyaient éperdues devant ses troupes triomphantes, et ne cessa de cueillir des lauriers qu'après avoir dicté les conditions de la paix la plus glorieuse.

Mais l'Orient devait être témoin de ses nouveaux exploits, et l'on ne peut douter que le desir de rallumer le flambeau des sciences dans une contrée célèbre, qui en fut autrefois le berçeau, n'ait été le principal motif de sa brillante expédition sur les bords du Nil. Vous n'avez pas été surpris d'apprendre que ces nuées d'Arabes et de Mamelucks qui avaient osé lui résister, ont payé par une prompte défaite la peine de leur témérité : il lui a suffi de paraître pour vaincre. Des esclaves habitués à tomber prosternés devant leurs sultans, auraient-ils pu soutenir le choc impétueux des guerriers Français accoutumés à enchaîner la victoire sous leurs Drapeaux?

Cependant l'humanité ne peut s'empêcher de gémir sur le déplorable aveuglement qui les a rendus victimes de ces manœuvres savantes, de ces feux meurtriers si habilement combinés, dont l'ignorance leur cachait les effets redoutables. Successeurs du barbare Omar, héritiers de son insultant mépris pour les sciences, ils ont appris à leurs dépens, la supériorité qu'acquièrent sur les autres peuples, les nations qui entretiennent avec soin le flambeau allumé par le Génie.

C'est à vous, Citoyens Professeurs, d'exciter dans les âmes de vos jeunes disciples, les premières étincelles de ce beau feu qui embrâsa les Homère, les Demosthène, les Sophocle, les Pindare, les Platon, les Virgile, les Ciceron, les Horace, les Tacite, les Corneille, les Voltaire, les Rousseau, les Buffon, les Newton, les Lavoisier, les Boerhaave, les Montesquieu, les Lynné, les Jussieu, les Raphaël, les Michel-Ange, les Gluck et les Pergolèse : qui répandit dans leurs immortels ouvrages, ces traits vifs et lumineux, qui étonnent, ravissent, entraînent, et portent la persuasion jusqu'au fond des cœurs les moins disposés à céder, à la force de la vérité et aux charmes de l'éloquence.

C'est en méditant leurs écrits, étincelans de beautés sublimes, que vos élèves se sentiront transportés du desir de s'immortaliser sur les traces de ces hommes célèbres, que la nature ne montre à l'Univers que par intervalles, comme si elle se reposait, fatiguée du travail de les avoir produits.

Dans ce nouveau temple élevé à la gloire des sciences et des arts, ces jeunes Citoyens, précieux espoir de la Patrie et de leurs familles, ornés des vertus touchantes de leur âge, seront aussi empressés de s'instruire, que les instituteurs de leur distribuer les trésors de la science. Ils y trouveront réunies toutes les connaissances dans le genre sérieux et agréable. Qu'elle est ingénieuse l'idée des anciens qui ont voulu que les Muses fussent sœurs ! c'est sûrement pour que celles qui cueillent les fleurs de la littérature, puissent procurer une distraction nécessaire à celles qui s'occupent d'études plus sérieuses, et pour que celles-ci, à leur tour, empêchent les autres de donner dans la frivolité.

Il est des personnes qui pensent que l'étude des langues de Rome et d'Athènes devient de jour en jour moins utile, depuis que nous

possédons en Français des ouvrages qui ri-
valisent avec ceux que nous a transmis l'antiquité. Mais on repond avec avantage, que
leurs Auteurs n'eûssent pas réussi à enlever
notre admiration, si en demêlant l'artificieuse
construction de ces langues harmonieuses,
il n'avaient appris à imiter dans la nôtre
cette précision et cette énergie qui, en épar-
gnantles mots, se rapprochent autant qu'il
est possible de la simplicité de la pensée.

Le bel art de fixer sur la toile l'expression
fugitive de la passion et du sentiment, touche
de trop près à nos affections les plus chères,
pour ne pas être cultivé avec empressement.
Est-il une jouissance comparable à celle d'offrir à la reconnaissance publique les traits
chéris des bienfaiteurs de l'humanité? Les ressources que nous avons acquises pour perfec-
tionner ce talent sublime, sont inestimables.
Les tableaux des écoles les plus fameuses
sont venus enrichir nos musées ; ces précieux monumens du pinceau des Rubens et
des Corrège, où respire leur âme toute
entière, serviront de modèles à nos jeunes
artistes, jusqu'à ce que devenus créateurs
à leur tour, d'autres yeux ne leur rendent
l'admiration qu'ils auront prodiguée à ces
grands Maîtres.

L'utilité de l'histoire naturelle est mieux sentie que jamais, depuis que le Pline de notre siècle, devenu le confident de la nature en a emprunté le brillant coloris pour nous tracer le tableau des merveilles qu'elle étale à nos regards. Qu'il est agréable de parcourir, sur les traces de nouveaux Linné, ces campagnes riantes, ornées de toutes les richesses du printems, et de trouver au milieu des fleurs, ces organes précieux qui indiquent la classe, l'ordre et le genre auxquels elles appartiennent, en apprenant à distinguer avec certitude l'espèce qui se rencontre sous nos pas.

L'agriculture, la médecine et les arts tirent journellement les plus grandes ressources des productions naturelles; surtout depuis que la chymie, renonçant aux brillantes impostures qui ont signalé ses premiers essais, s'est rapprochée de nos besoins: maintenant associée à la physique, elle a emprunté sa marche méthodique et mesurée, en l'enrichissant à son tour des secrets les plus précieux: au-lieu de se livrer aux écarts d'une imagination en délire, elle observe avec soin tous les phénomènes que présentent les corps qu'elle force d'agir les uns sur les autres, et parvient souvent à surprendre à la nature quelques uns de ces secrets qu'elle dérobait à notre ardente curiosité.

La chymie ne cherche plus à nous éblouir par la promesse trompeuse de fournir un reméde universel à tous les maux qui nous affligent, et de transformer de vils métaux en celui qui a toujours tenté la cupidité : mais elle fait mieux actuellement que de produire de l'or ; elle tourmente les minéraux pour en tirer ces remèdes héroïques qui rappellent des bords de la tombe un père tendre, une épouse chérie , qu'une fièvre brûlante eût forcé d'y descendre ; par un prodige étonnant, les poisons les plus subtils, entre ses mains , se convertissent en substances salutaires , et peuvent parcourir les vaisseaux les plus déliés de l'économie animale, sans y porter la destruction et la mort.

Prenant un essor plus ambitieux , elle a réussi à nous dévoiler la composition de plusieurs corps , et grâce aux découvertes du trop malheureux Lavoisier, immolé par de sanguinaires Vandales, la formation de l'eau n'est plus pour nous un mystère. Soumettant à son empire les gaz invisibles et les vapeurs les plus subtiles , la chymie moderne nous éclaire encore sur les dangers de ces fluides meurtriers qui se dégagent sans cesse des trois règnes de la nature, et elle fournit des moyens assurés pour se préserver de leurs pernicieuses atteintes.

Les sciences dont nous venons de parler doivent beaucoup aux Mathématiques, qui ne marchant qu'à la lueur de l'évidence, donnent à l'esprit cette sagacité qui fait distinguer le vrai de ce qui n'est que vraisemblable, et en raisonnant toujours avec justesse, apprennent à démêler les Sophismes de l'ignorance ou de la mauvaise foi.

En s'occupant de l'étude séduisante de la Nature, nos élèves ne négligeront pas les précieuses leçons de l'histoire. Ils n'y chercheront pas uniquement des dates et des faits stériles. Une critique judicieuse leur apprendra à discerner ce qui mérite notre croyance, d'avec les récits fabuleux que des Écrivains crédules ou séduits ont consigné dans leurs ouvrages. Cette étude deviendra pour eux le cours le plus instructif de politique mise en action : ils verront paraître successivement sur ce grand théâtre, tous les hommes qui ont influé sur le sort des nations, et ils y apprendront que l'oubli des principes de la morale et de la justice, a presque toujours amené ces catastrophes sanglantes qui renversent la constitution des Etats.

Ils sentirout alors la nécessité des bonnes lois pour lier fortement ensemble toutes les parties du corps social, et pour faire concourir tous ses membres au bonheur commun: ainsi la science de la législation se présente naturellement pour achever le cercle des brillantes études de l'Ecole centrale.

Tout nous présage l'heureuse influence que va avoir cette institution au milieu de notre département. La réputation des Citoyens Professeurs les avait devancés ; ils l'ont soutenue avec succès dans les examens, et la confirmation de leur choix par l'Administration centrale, ajoûte un nouveau poids aux espérances que nous fait concevoir leur habileté. Leurs savantes leçons vont faire réfleurir dans nos contrées le goût des sciences et des arts qui commençait à s'éteindre. Des prix distribués avec solemnité par les Autorités supérieures, inspireront une noble émulation, et serviront de recommandation pour parvenir aux places les plus importantes : c'est alors que les jeunes Citoyens qui auront su se captiver et résister à l'attrait des plaisirs pour mieux remplir leurs devoirs, seront amplement dédommagés de ces sacrifices passagers par les félicitations de leurs parens et de leurs amis , et par les applaudissemens publics qui embelliront la proclamation de leurs succès.

Les cœurs et les esprits, puissamment ébranlés par les évènemens mémorables qui se sont pressés en foule depuis un si petit nombre d'années, et dont nous avons été les acteurs ou les témoins , sont placés dans la disposition la plus favorable pour créer des chef-d'œuvres dignes de passer à la postérité: ainsi l'on vit succéder aux guerres cruelles de la Ligue et de la Fronde , le siècle qu'ont immortalisé les Corneille et les Racine. C'est à la génération qui s'élève, qu'est réservé le soin brillant de soutenir l'héritage de gloire qu'elle a reçu de ses ancêtres : elle conservera la réputation que le Français s'est acquise depuis si long-temps d'être le peuple le plus civilisé , le plus ami des lettres, le plus affable pour ceux qu'il aime ; comme il a prouvé que lui seul pouvait s'imposer des lois , et qu'il était assez puissant pour anéantir toutes les ligues formées contre son indépendance.

DISCOURS

*PRONONCÉ à la Fête de la Reconnaissance,
le 10 Prairial an 7, par le C. FROMAGET,
Professeur de l'Ecole Centrale.*

PARMI les fêtes instituées pour un peuple
généreux et sensible, celle de la Reconnaissance doit tenir un des premiers rangs,
comme plus analogue à l'équité de ses principes, à la douceur de ses mœurs, à la noblesse
de son caractère.

Justice, Humanité, Bienfaisance, c'est
votre triomphe, c'est celui de toutes les vertus
que célèbrent aujourd'hui les Français.

Vous ne me pardonneriez pas, Citoyens,
d'employer les ressources de l'art, ses moyens
ambitieux, quand je viens vous parler d'une
vertu qui n'admet d'ornement que sa propre
simplicité ; de soumettre à la froide analyse
un sujet où tout doit brûler des feux du sentiment ; de chercher à éblouir, à séduire vos
esprits par le prestige des formules oratoires,
par l'éclat de quelques étincelles fugitives ;
lorsqu'émus, attendris au seul nom de la
Reconnaissance, vos cœurs brûlent d'en offrir

le juste hommage aux créateurs, aux défenseurs, aux amis de la liberté.

Eh ! que me servirait ici d'établir une
théorie de la reconnaissance? J'ai l'honneur
de parler à des Républicains, auxquels toutes
les vertus doivent être familières ; à des
Français, auxquels, même au sein de l'escla-
vage, la nature avait fait de la bienfaisance
un besoin, un plaisir de la gratitude.

Vous aimerez, Citoyens, l'éloge de cette
vertu dans la bouche du Sauveur de Rome,
du plus parfait des Orateurs. A lui seul
appartenait de louer dignement une vertu
supérieure à toute louange.

La reconnaissance, disait ce grand homme,
dans son discours apologétique pour C.
Plancius, monument glorieux de la plus courageuse amitié, de l'éloquence la plus séduisante, la reconnaissance n'est pas seulement
la plus grande des vertus, mais toutes les
autres lui doivent la naissance.

Qu'est-ce en effet qu'un amour filial? Un
sentiment habituel de gratitude envers les
auteurs de nos jours. Quel est le bon Citoyen,
le Citoyen utile à la patrie, dans le calme de
la paix, dans le tumulte des armes? L'homme
qui se rappelle sans cesse tous les bienfaits
qu'il reçut d'elle.

Les âmes d'une probité délicate, les âmes religieuses que sont-elles, sinon des âmes sensibles qui, par de sincères et continuels hommages, paient au dispensateur immortel de tous les biens le tribut de leur gratitude? Sans la douce amitié, continue Cicéron, où seraient les charmes de la vie? Or quelle amitié peut exister entre des ingrats?

Que pourrais-je, Citoyens, qu'oserais-je ajoûter à ces considérations si touchantes, desquelles vous avez sans doute, avec le grand homme dont je viens de vous rendre littéralement les expressions, tiré cette consé-quence : que la reconnaissance étant l'unique ou du moins le plus solide lien de la société, il faut que celle-ci se dissolve et périsse dès que l'ingratitude, fille exécrable de l'égoïsme, a desséché les cœurs.

Je céderai donc à votre impatience, à la mienne. Fier et satisfait de trouver mon âme à l'unisson des vôtres, organe d'un sentiment aussi louable qu'unanime, je dirai :

Dieu tout-puissant, arbitre de la destinée des empires, juge redoutable des tyrans, grâces immortelles vous soient rendues. La France était esclave, et vous avez brisé ses fers. Pas un de ses enfans n'oubliera qu'elle vous doit sa liberté ; pas un de ses enfans n'oubliera que les vertus seules et sur-tout la reconnaissance, l'amitié fraternelle, l'oubli des injures, l'union sincère des esprits et des cœurs, peuvent assurer et perpétuer la jouissance d'un bien si précieux.

Eternel et légitime hommage à ces génies sublimes, à ces Philantropes brûlans qui répandîrent dans les esprits les germes heureux de la liberté universelle.

Gloire, honneur, éternelle reconnaissance à ces victimes, à ces martyrs de la liberté, qui les premiers donnèrent l'exemple d'un dévouement généreux, et crûrent avoir assez vécu, lorsqu'au prix de leur sang ils laissaient la France libre et triomphante. Oui : gloire et mille fois gloire à ces Chefs, à ces Soldats intrépides dont l'amour sacré de la patrie fit autant de héros.

Gratitude immortelle à ces Législateurs dont la sagesse profonde, le zèle infatigable, préparent le bonheur du peuple; à ces Législateurs qui, dignes émules des premiers Romains, comptent pour rien le sacrifice de leur repos, de leurs plus chers intérêts, de leurs plus douces jouissances, dès qu'il s'agit du salut de la patrie ou de sa gloire.

Juste et sincère gratitude à ce Gouvernement, à ce Ministère, à ces Administrations dont les membres veillent sans cesse , afin que nous reposions en paix, sous l'égide de la constitution ; à ces Autorités que nous voyons constamment fidelles à ce principe si cher à la liberté; *que pour oser tout ce qu'on peut , il faut avoir fait tout ce qu'on doit.*

Hommage et reconnaissance à ces Juges, l'effroi du crime et de l'imposture, l'espoir et l'appui de la faiblesse opprimée , toujours aveugles ou indifférens sur les personnes, toujours ardens à reconnaître la vérité , à défendre ou à venger la justice et l'innocence; à ces Magistrats qui , spécialement chargés du glaive de Thémis, n'oublient jamais qu'où la loi reste muette , c'est à l'humanité seule à décider leurs jugemens.

Ici je m'arrêterais, Citoyens , mais je dois quelques mots à l'intéressante jeunesse qui embellit cette fête, et dont l'attention prouve si bien (quel augure pour l'avenir !) que les leçons de la vertu, que son éloge ne trouveront jamais ici de cœurs insensibles.

Jeunes amis des muses, aimables enfans, et vous aussi, vous devez de la reconnaissance, non - seulement à la patrie qui met en vous tout son espoir, toutes ses complaisances , mais à ces Représentans , à ces Administrateurs, à ces Citoyens si zélés pour vôtre instruction, si impatiens du retour des lettres; à ce Jury que les muses elles-mêmes auraient formé, si, juste appréciatrice du talent, l'Administration centrale n'en avait choisi les membres. Vous en devez aux Citoyens éclairés et vertueux auxquels je m'étonne et je m'honore de me trouver associé. Ils savaient tous que se charger de la noble mais pénible mission de vous conduire par la science et par la sagesse à la véritable liberté, c'était contracter l'austère obligation de vous offrir *dans chacun de leurs discours un précepte, dans chacune de leurs actions un modèle*; ils savaient tous combien la légéreté naturelle à votre âge, l'habitude de l'oisiveté, une longue et déplorable interruption de toute espèce d'étude, leur préparaient d'obstacles. Ils le savaient..... Et ils se sont dévoués.

Vos maîtres, jeunes Citoyens, vont vous être désignés. La patrie va leur confier l'autorité de vos pères. Ils en ont déjà toute la tendresse, toute la sollicitude inquiète. Allez, donc, chers élèves; guidés par la confiance et l'amour, volez dans leurs bras, ils vous attendent pour vous presser. Jurez, vous de les honorer, de les chérir; eux, de ne plus connaître de gloire que dans vos succès, de jouissance que dans votre bonheur. Que du sein de ce groupe si touchant s'élance le cri si cher aux Français : VIVE LA LIBERTÉ, VIVE LA RÉPUBLIQUE.

DISCOURS

PRONONCÉ à l'Inauguration de l'Ecole centrale des Côtes - du - Nord, le dix Prairial an 7, par le Citoyen DAYOT, Professeur de Belles Lettres.

CITOYENS,

Les Professeurs de l'Ecole centrale des Côtes-du-Nord ont mesuré toute l'étendue de leurs obligations, ils en ont apprécié toute l'importance ; ils ne se sont point dissimulé que l'éducation de la jeunesse est une des plus pénibles fonctions de la société ; ils se sont sur-tout profondément pénétrés de cette grande vérité, que , si l'instruction n'avait pour but que de former l'homme aux arts et aux sciences ; si elle se bornait à rendre habile, éloquent, propre aux affaires ; si, en cultivant l'esprit, elle négligeait de régler le cœur, elle ne répondrait pas à ce qu'on a droit d'en attendre.

Oui, Citoyens, les Professeurs auxquels vous allez confier l'éducation de vos enfans, n'estiment les sciences qu'autant qu'elles conduisent à la vertu : ils comptent pour rien la plus vaste érudition, si elle est sans probité ; ils préfèrent l'honnête homme à l'homme savant ; et en instruisant les jeunes gens de ce que l'antiquité a de plus beau, les sciences de plus profond et de plus sublime, ils songeront moins à les rendre habiles, qu'à les rendre vertueux, bons fils, bons pères, bons amis, bons citoyens.

Que quelques hommes à paradoxes, que de fougueux Vandales, dignes acolytes du Calife Omar, aient cru que l'ignorance est l'état naturel de l'homme, et que la science ne vaut pas la peine qu'elle coûte à acquérir ; ce sont de ces météores éphémères qui malheureusement s'élèvent quelquefois dans l'athmosphère sociale, mais que le premier rayon de lumière dissipe en un instant. Heureusement nous n'avons plus à combattre un pareil préjugé, et la science, voilée d'un crêpe funèbre, n'est plus obligée de se cacher dans la sombre nuit des tombeaux, pour éviter les persécutions de la stupide ignorance.

Qu'il fut insensé le premier qui osa frapper d'avilissement les sciences et les arts, ces enfans du génie qui sont venus en foule entourer le berceau de la liberté naissante! N'est-ce pas à eux qu'est dû l'agrandissement du domaine de la pensée? Ne sont-ce pas eux qui, plaçant l'homme à la tête de la chaîne des êtres, ont soumis l'univers à sa puissance? Ne sont-ce pas eux qui, fécondant tous les rameaux de l'industrie, lui ont appris à maîtriser tous les élémens, à multiplier ses facultés, ses jouissances, et à disputer avec la nature même, en quelque sorte, de prodiges?

Oui, Citoyens, le Philosophe savant et sage, dont l'esprit, orné de sublimes connaissances qu'il travaille constamment à rendre utiles à ses semblables, est autant au-dessus du sauvage ignorant et barbare, que l'astre majestueux qui dispense la lumière au monde l'emporte, par son éclat et sa splendeur, sur le pâle phosphore, qui ne réluit un instant dans l'obscurité de la nuit, que pour nous

replonger aussitôt dans des ténèbres plus
épaisses. C'est lui dont l'industrie, fécon-
dée par l'étude des sciences et des arts, com-
mande aux rochers de descendre de leur
cime et de se transformer en murailles trans-
parentes ; aux vents, d'enfler la voile docile et
de prêter leurs ailes à des citadelles flotantes ;
aux fleuves, de rouler leurs eaux pressées
entre deux digues, et de recevoir ces admi-
rables monumens, jaloux d'unir une rive à
l'autre ; à la foudre, d'obéir en silence au
simple fil qui l'enchaîne, de le suivre dans
tous ses détours, et de se précipiter enfin
d'abîme en abîme ; à tous ces mondes errans
dans l'immensité de l'espace, de lui tracer,
en caractères de feu, l'ordre de ses travaux,
de sillonner sa route sur la vaste étendue
des mers, et de lui révéler le secret de tous
leurs mouvemens.

Admirez sur-tout la grandeur et la puissance du génie dans cet art merveilleux qui
a su fixer la parole fugitive, l'affranchir du
besoin de se faire entendre, et effacer pour
elle la distance et des lieux et des temps ;
dans cet art non moins étonnant qui donne
des ailes à la pensée et la reproduit de mille
et mille manières, qui nous permet d'inter-
roger les siècles passés, et nous rend, pour

ainsi dire, à l'avance contemporains des siècles à venir ; à la naissance duquel enfin on vit le trône et le sanctuaire pâlir d'effroi, les idoles de toute espèce trembler sur leurs bases chancelantes, et la Liberté, la Liberté seule, mais timide encore, oser secrétement sourire.

D'après cela, Citoyens, si les sciences et les arts avaient encore besoin d'appui ; si tous les membres qui composent cette auguste assemblée n'en étaient pas eux-mêmes les plus zélés défenseurs, j'invoquerais ici Socrate, le vertueux Socrate, qui, par ses discours et ses actions, enseigne la sagesse à la Grèce ingrate, qui, pour prix d'un si grand bienfait, le condamne à avaler la ciguë ; Démosthène, dont la mâle éloquence terrasse le traître Eschine sordidement vendu au Macédonien, et dévoile aux Athéniens, étonnés de leur propre aveuglement, l'hypocrisie et la politique tortueuse de l'astucieux Philippe ; Archimède, ce géomètre profond, qui par la force de son art défend seul, contre l'impétuosité Romaine, cette Syracuse autrefois si fameuse, aujourd'hui le dernier repaire d'un despote en fuite ; Cicéron, dont la vie toute entière fut consacrée à l'utilité de Rome et de ses concitoyens, et qui par ses nombreux services, mérita le titre glorieux de Père de la patrie ; Bâcon, qui le premier découvrit à l'Europe, encore barbare et courbée sous le joug du despotisme, les vraies routes de la science et du perfectionnement de la civilisation ; et vous, mânes généreux, à jamais chers au souvenir de tout bon Français, victimes innocentes de la brutale férocité des ignobles fauteurs de l'ignorance, sœur et compagne de l'anarchie, du despotisme et de tous les crimes, mânes des Bailly, des Lavoisier, des Vergniaud, des Condorcet, paraissez, accusez, confondez devant cette auguste assemblée les mânes impurs de vos bourreaux, et qu'à votre aspect ils disparaissent du souvenir de l'homme de bien, comme le songe effrayant qui trouble l'imagination pendant un sommeil laborieux, s'évanouit au réveil de l'homme sage.

Tels sont, Citoyens, tels sont les maîtres que nous voulons donner à vos enfans : leurs jeunes cœurs imbus des principes et des maximes de ces grands hommes, leurs esprits ornés des sublimes connaissances dont ils furent les inventeurs ou les propagateurs, vous les verrez bientôt, n'en doutez point, s'élancer avec ardeur dans la carrière de leurs modèles ; renoncer à cette oisiveté honteuse dans laquelle croupit trop malheureusement la jeunesse de nos jours ; abandonner des plaisirs corrupteurs , pour se livrer à des travaux utiles ; et par une fermeté constante et sage, opposer au débordement des mœurs , à la soif insatiable des richesses , à l'esprit de parti , ou à une funeste insouciance sur la prospérité de l'Etat , une conduite prudente et modeste , un généreux désintéressement , un patriotisme ferme et raisonné , en un mot , l'amour de la vertu.

Après la lecture de ces Discours, qui ont été couverts des applaudissemens de l'assemblée , un concert touchant s'est fait entendre , à la fin duquel les Couplets suivans ont été chantés par le C. BIENVENUE, *Commissaire du Directoire Exécutif près le Tribunal de Police correctionnelle de Port-Brieuc , et la cérémonie s'est terminée à midi aux cris de* VIVE LA RÉPUBLIQUE.

Air *du Vaudeville des Visitandines.*

O **divine** Philosophie ,
Talens , Savoir , Arts enchanteurs ,
Venez , écartez de la vie
Les préjugés et les erreurs :　　　(*bis.*)
Que votre clarté vive et pure
Dissipe les fantômes vains ,
Et montre à nos yeux incertains
Le vrai dessein de la nature.　　　(*bis.*)

Si de la Sagesse éternelle
La bienfaisante volonté
Fut que l'esprit émané d'elle
Connût , aimât la vérité ;　　　(*bis.*)
Triste jouet de l'imposture ,
Et trompant un destin si beau ,
L'homme privé de son flambeau
N'est pas l'homme de la nature.　　　(*bis.*)

En **vain** l'ignorance fatale ,
Confondant les lieux et les temps ,
Veut éterniser le scandale
Du long règne de nos Tyrans :　　　(*bis.*)
De l'humanité qui murmure
La Raison proclame les droits ,
Et brise le sceptre des rois
Que n'a point créé la nature.　　　(*bis.*)

Vous que la République appelle
A profiter de ses succès ,

Enfans , croissez , vivez pour elle ,
Honorez-la par vos essais ;   (*bis.*)
De ses dons comblés sans mesure ,
Ecoutez sa touchante voix ,
Et reconnaissez , dans ses lois ,
Les saintes lois de la nature.   (*bis.*)

Et vous, dont l'aimable jeunesse
Recevra les doctes leçons ,
Dans le chemin de la Sagesse
Guidez ses tendres nourrissons :   (*bis.*)
Prouvez à la race future ,
Qu'encore en sortant de vos mains ,
Tous ces jeunes Républicains
Sont l'ouvrage de la nature.   (*bis.*)

Aux deux heures de l'après-midi, la Garde nationale et la Garnison s'étant rassemblées sur la place de la Liberté, et toutes les Autorités civiles et militaires, les Fonctionnaires et Salariés publics, les Membres du Jury central, les Professeurs, Instituteurs et Boursiers, s'étant réunis à la maison du département, en sont partis dans le même ordre que ce matin.

Les Concurrens pour le prix de la cible ouvraient la marche, sur quatre de front, précédés des Tambours et de la Musique.

(42)

La Garde nationale et la Troupe de ligne, rangées en haie de chaque côté, formaient l'escorte ; une foule de spectateurs suivaient les groupes, et les Cavaliers inscrits pour la course, suivis de la Gendarmerie et d'un détachement de Dragons, fermaient la marche. Pendant toute sa durée, la Musique a exécuté plusieurs morceaux.

Le cortège, après avoir traversé la ville, s'est rendu, dans cet ordre, sur la place de l'Egalité, où une salve d'artillerie a annoncé son arrivée : là, les différens groupes s'étant réunis au centre de la place, le Président de l'Administration centrale a prononcé le discours suivant.

DISCOURS

Du Citoyen DENOUAL, *Président de l'Administration centrale.*

Qu'il est beau, qu'il est imposant ce jour dans lequel la patrie offre à ses défenseurs le témoignage de sa reconnaissance ; ce tableau majestueux se reproduit sur toute l'étendue de la République: par-tout on voit les mêmes hommages, par tout aussi on rencontre des Républicains qui ont versé leur sang, qui tant de fois ont exposé leurs jours pour la défense des droits sacrés du peuple.

Que ne puis-je ici, braves Défenseurs, retracer les exploits brillans, les actions généreuses par lesquelles chacun de vous s'est rendu cher à la patrie. Le gouvernement recueille avec soin les faits militaires; il fera graver dans l'Histoire, le nom de tous les héros qui ont concouru à fixer sur des bases inébranlables les fondemens de notre République. Oui, Citoyens, oui, braves militaires, le récit des victoires remportées par les armées Françaises étonnera la postérité, comme elles ont fait l'admiration de l'Univers.

Ce ne sera plus dans l'Histoire Romaine, dans les fastes de la Grèce, ce sera encore moins dans les annales du dernier siècle, si fécond en grands hommes, qu'on cherchera à s'instruire dans l'art de la guerre : les campagnes des Généraux Moreau, Jourdan, Hoche, Dumoncey, Dugommier, et de l'immortel Buonaparte, deviendront des modèles pour les siècles à venir.

Rendons en ce jour hommage aux héros de Gemmapes, d'Honscoot, de Fleurus, de

Castiglione et d'Arcole ; à ceux qui se sont montrés en vainqueurs sur la cime des Pyrénées et des Alpes, sur les bords du Pô, sur ceux du Danube. Si la victoire a cessé un moment de suivre vos étendards , bientôt fidelle à ses favoris , elle va illustrer vos armes par de nouveaux triomphes. Grâces vous soient rendues , braves Militaires de l'armée d'Angleterre , appelés sur les bords de l'Océan pour combattre ces hommes féroces qui bouleversent et ensanglantent l'Europe ; vous saurez soutenir la réputation que vous vous êtes acquise dans les autres armées ; et si jamais ces barbares osaient se montrer sur nos rivages , vous leur feriez aussitôt connaître la force de votre bras , bientôt ils auraient vécu. Déjà , braves Guerriers , je vois briller dans vos yeux ce feu martial, sûr garant de la victoire ; déjà sans doute vous brûlez de vous mesurer avec ces ennemis farouches qui veulent détruire l'édifice de votre bonheur , qui veulent charger des fers de la servitude vos mains glorieuses. Ah ! n'en doutez pas , si ces ennemis cruels osent souiller de leur présence le sol de la Liberté , vous trouverez parmi nous des hommes qui seconderont vos efforts , qui partageront vos dangers.

Dans ce jour consacré à la reconnaissance, braves Guerriers, qu'il est doux pour moi, qu'il est doux pour mes Concitoyens de vous en donner un témoignage public ; nous acquittons une dette chère à nos cœurs. C'est dans ce jour de félicitation, de plaisir, de jouissance, que les bons Républicains vont se livrer aux épanchemens de la fraternité ; qu'ils vont serrer dans leurs bras leurs généreux Défenseurs, avec ce sentiment profond qu'inspirent les grands services qu'ils ont rendus à la patrie.

VIVE LA RÉPUBLIQUE.

Après la lecture de ce discours qui a été suivi des cris répétés de VIVE LA RÉPUBLIQUE, *le cortège a continué sa marche dans l'ordre précédent et s'est rendu au Pont de Gouëdic, lieu où le tir à la cible s'est fait. Le vainqueur a reçu du Général une paire de Pistolets et une couronne de laurier.*

Le cortège ayant repris son ordre et sa marche, s'est rendu au lieu destiné pour la course à cheval, où était élevé un autel décoré de guirlandes et de branchages, sur lequel était placé le prix destiné au vainqueur. Les concurrens ayant fait leur course dans l'ordre qui leur était prescrit par le programme de la fête, le vainqueur a reçu des Présidens de l'Administration centrale et municipale l'accolade, une couronne de laurier et le prix annoncé. Pendant cet intervalle, la Musique a exécuté un chant triomphal.

Ensuite le cortège s'étant formé dans le même ordre qu'auparavant, est revenu sur la place du département, où après avoir fait le tour de l'arbre de la Liberté, il est rentré à la Maison commune, s'est separé, et la cérémonie a été terminée.

Signé, DENOUAL, *Président ;* LE PROVOST, BRICHET, LONCLE, *Administrateurs.*

BARBEDIENNE, *Suppléant du Commissaire du Directoire exécutif.*

C. LE GORREC, *Secrétaire en chef.*

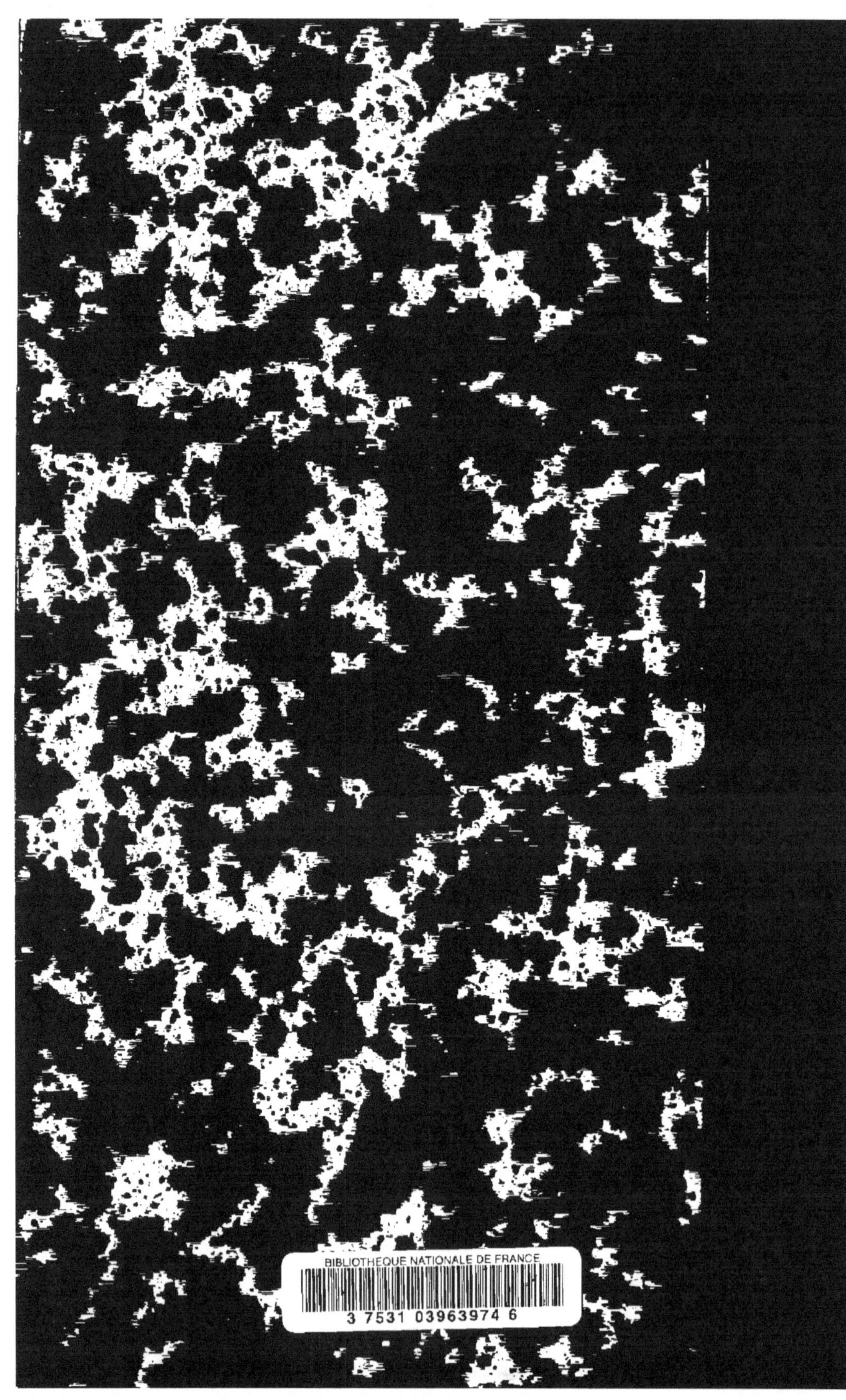